EN OTRA VIDA

LAURA NOVA

EN OTRA VIDA

para todos aquellos seres que han dejado una huella de amor en mi camino; que encuentren el sentido de su existencia y salvación

AGRADECIMIENTOS

A todos los NO que he recibido por tener este sueño, son los que más me motivaron a ser rebelde y a lograr lo que en su momento solo yo creía posible.

También para los que siempre han estado, los que no abandonan y no nos sueltan a pesar de conocer nuestro desastre, a mi mamá, hermanos y seres queridos que no dejan de ver quien soy

A ti que encontraste el amor en mí, que me inspiras para sanar con letras y sangrar con ellas, a ti que me lees o me escuchas para no morir.

EN OTRA VIDA

Aún parece que fue ayer tu primera caricia

mi piel desconoce que han pasado cientos de días

En aquel entonces todo daba miedo

 pero hoy prefiero ese miedo que este dolor

Mi alma se desprende poco a poco pero no puede
irse

No conoce de egoísmo ni de tiempo

Ya se ha cerrado el cielo, y aún no te encuentro

He intentado salvarte mil y una veces, pero no es
suficiente

Cómo te salvo, como te encuentro,

 si ya estás adentro del mismo infierno.

Duele el pecho cada vez que te recuerdo

Pues el sueño de la vida juntos se esfumó

Tus para siempre tienen límite y los míos no conocen de finales

Me he quedado atrapada en el tiempo y tú has escapado de el

Cómo le explico a mi inconsciente que en el presente ya no existes

Cómo me armo de amor si te di todo el que existía

No queda nada más que un cuerpo sin alma,

 sin fe, sin sueños, sin ti

El elegir ser vulnerable va incluido cuando
entregas tu alma a un simple mortal con la ilusión
de que sane la suya y haga que la tuya tenga más
sentido existencial

nadie elige como morir excepto nosotros los que
tomamos estás decisiones inconscientes que se
vuelven consientes con el paso de los errores que
causan dolor

 pero que vas a entender tú de dolor, que vas a
entender si los cobardes eligen no amar por temor

temor al duelo, al olvido, o a no ser dueños de sí
mismos

temor a lanzarse a ese vacío que trae todo, menos
garantías

Pertenezco al pequeño porcentaje que aún creé en la leyenda del hilo rojo, en el destino, en el cruce de las almas y la unión que hacemos con ellas, fui quien beso las puertas de la tuya y quién vivirá para siempre contigo, aunque tus recuerdos sobre mi desaparezcan, un pedacito de mi ha entrado para siempre en ti, por eso búscame en todo aquello que te haga ser quien de verdad eres, el caparazón de piedra que usas solo te alejará de lo que realmente quieres en la vida

Justo en el momento que debí irme de ti

 fue cuando más te abrace

supongo que mi mente no consolidaba una vida
sin ti

y no por miedo, nunca he tenido miedo de estar
sola

 tenía miedo por ti, porque no sabes estar sólo

 eres un hombre que ama ser niño y me enamore
de eso

 lo decepcionante es cuando a ese niño se le olvida
que es un hombre.

Con lo que soy te convertí en lo que eres

 te construí sin darme cuenta que me destruías

y te fuiste, pero que podía esperar si te hice
inmortal cuando agonizabas

 si te di alas cuando ni siquiera podías levantarte
de la cama

Tatuamos nuestros cuerpos de caricias que no se desacostumbran a sentir vida con solo mirarnos, y así vengan otras manos, otros cuerpos, otros besos, fuimos primeros y fuimos nosotros, sin complejos, sin culpas y con la conexión que no podremos tener con ninguna otra alma.

Creí que eras tú, te juro que me aferré a ti como a nada en el mundo y justo cuando me viste así por ti, decidiste irte...

Intenté ser lo que nunca tuviste, lo di todo por ti, sabía que podía morir por amarte y por dejarme amar de ti, pero es que ¿Para qué vivir en otro mundo que no es el nuestro? ¿Para qué quedarme en una existencia donde no está tu presencia?

Me salvaste

me salvaste de la manera más cruel,

como nunca se debe salvar a nadie,

a tu lado estaría muerta,

pero me dejaste viva

aun sabiendo lo que duele vivir sin ti

Me han dicho que te haga una carta de despedida y que te suelte, pero es que en una carta no puede acabar, aunque con una carta empezó todo, una carta que llamaste chocolatina especial, había tanta magia en nosotros que no creí que la bruja la pudiera apagar, pero en otra vida cuando nos encontremos de nuevo ya no habrá bruja que pueda ganar, pues estoy viva a pesar del beso de la muerte, porque solo con la muerte te podría engañar.

Sabías todo aquello que me podía matar y lo hiciste todo, pasó a paso sin detenerte, sin renunciar, sin pensar en lo que se siente matar a la única persona que dio lo más preciado por ti...su libertad

Entonces han pasado estos meses y después de mucho preguntarle a los recuerdos ¿Por qué? ¿Por qué lo hizo? ¿Por qué se fue?, hoy puedo responderme a mí misma que no, que no todos aman como yo, que yo jamás me hubiera ido, que yo jamás le hubiera hecho pasar por todo eso que me hizo pasar, que yo no lo hubiera dejado en la enfermedad, que yo sacrificaría mis sueños, que yo no lo dejaría muriendo en vida.

Se que puedes escapar de las palabras, de la gente, huir del problema, esconderte en el fin del mundo y tal vez hacerte creer que no eres el malo de la historia y que las cosas tendrían que pasar así, justificarte y jurarle a Dios que no fue tu intención, que no fue obra del libre albedrío, puedes hacer eso y más pero jamás podrías escapar de tu conciencia, te acompaña a diario y a cada segundo y que más castigo que ese.

Gracias por enseñarme todo eso que no quiero ser nunca

De seguro estás durmiendo y me buscas tanto en los sueños, que no dejas mi subconsciente tranquilo, me sigues buscando pero no de la manera que mi existencia quisiera, aunque telepáticamente hemos hecho tantas cosas sobre todo las que amábamos hacer cuando había alquimia en nosotros y hoy quiero que sepas que por días, o tal vez solo por momentos me quedo con eso, me quedo con lo que fue , hasta donde fue genuino y mutuo porque durante mucho tiempo agradecimos a la vida eso, lo mutuo que era, cada sentimiento, cada palabra, que trascendía el plano terrenal para entrar a escribirse en ese libro de la vida con frases dedicadas al futuro que en algún momento tendremos que enfrentar, hablar con amor y hacer promesas no son solo palabras, y el libro de la vida esperara pasar la página que fue escrita, a todos nos llega la factura que la vida pasa, y le llaman de mil formas, uno lo paga todo decía yo, y tú usabas la palabra karma que tendrás que enfrentar en esta existencia.

Nunca creí sentir miedo al rechazo, me sentía poderosa y valiente, pero has fijado ese grado de desconfianza y de desvalorización hacia mí que no creí nunca dejar en manos de alguien, no obstante ha sucedido y no una ni dos veces sino tantas como para recordar el desgarrador dolor de querer no tener miedo a abrazarte, cuando te tengo kilómetros deseo tenerte a milímetros para poder darte un abrazo así sea por la espalda pero cuando estás a milímetros tus acciones de desprecio me hacen querer tenerte a kilómetros porque no puedo mentirme, el amor se ha convertido en odio las fronteras han pasado de nuevo y los límites son inexistentes para ti, he llorado tu ausencia y tú falta de interés, porque un día fui la luna y hoy no soy parte de tu firmamento, y en realidad no fue mi culpa pues las ilusiones no me las hice sola, todo fue basado en quien fuiste, en ese entre pecho y espalda de momentos increíbles, de esos que lleno de amor me diste, hoy desconozco tu insatisfacción y tú manera de odiarme, porque estoy al otro lado de tu agrado y eso me pinta a gris porque no lo entiendo, porque no eres quien fuiste, eres lo que nunca quisiste ser

Así duele un poquito menos

Y aunque no haya forma de curarnos

Aunque el alma se reviente y grite de dolor

Esos gritos que nadie escucha

Esos gritos que trituran, que queman, que matan

Y aunque nada funcione

Eso de seguir amando lo que te queda, ayuda

Ayuda acariciar al perro

Ayuda pedirle a Dios que te abrace

Que te dé un poquito más

Que no te deje caer ahí

Todavía no, porque, aunque no haya nada

Aún estás tu y sigues ahí, rota, triste y sin color

Pero eres tú y eso no lo cambia ni la ley de la vida.

Como amar a una piedra

Tener a alguien por quién sientes todo y que por ti
no es capaz de sentir nada,

 escuchar su voz hiriente y sus palabras tatuadas
en el alma retumban una y otra vez en la mente,

 que Dios se apiade de mi alma si estoy pagando lo
que un día no me habían cobrado,

que Dios se apiade de mi ser si se me olvida por
un segundo que fue primero en esta vida,

que se me arrugue el pecho si no soy capaz de
romper la maldición del sentir.

Estoy acostada a tu lado y recuerdo durante
muchos meses desear este momento con fuerzas,
pero ahora simplemente estamos obligados a
hacerlo, esperamos lentamente tu boleto de avión,
esperas tu futuro y yo la muerte de las
mariposas...

Te conocí en el año del caos días antes del caos,

te vi a metros de distancia y no pasamos
desapercibidos,

conocimos la dilatación de pupilas y la
incertidumbre de querer saber quién era el otro,

basto unos minutos para que el destino moviera
sus fichas y allí estábamos frente a frente,

en el mismo lugar, solo faltaban segundos para
quedarme perdida en tus ojos,

nos enamoramos de nuestro caos disfrazado de
rayitos de luz

DE MIS OJOS AL MAR

En cuanto a tu tiempo se junte con el mío ya no será camino el que evite al despertar, ya serán tus manos las que lean mis cabellos y no solo mi reflejo en el viento al caminar. Me recuesto entre sollozos fulminantes y al soñar no encuentro más paraíso que sean tus labios mi cantar, no sé qué razón señalar para continuar porque si te vas ya no hay vuelta ya no hay risa, ya no hay vida, ya no hay yo, por eso cuido mis pasos para que no afecten los tuyos y crezcan mis delirios de vivir en tus caminos que me den sombra sin quitarme el brillar.

Tu amor sigue fuerte y por ahora respirarte lejos debe ser la espera de un nuevo amanecer, de un comienzo a tu lado que me debe estremecer, que sean tus brazos un nuevo mundo y tu aliento mi respirar, que se logre el objetivo y no vayas a lamentar, seré tu abrigo y tú mi refugio para no tenerte que extrañar. Te esperaré en mis sueños de nuevo y desearía ya no despertar.

Posdata: siente mis palabras, son mi forma de existencia y respirar

Eres humano

Dueles

hoy dueles, eres humano y eso lo explica todo,

dejamos de conquistar lo que creemos nuestro y
poco a poco matamos todo aquello que nos da
amor

 eres humano y no es una justificación, tal vez la
culpa sea mía por ver qué en ti todo era
sobrenatural, desde una mirada, hasta tus dedos
dibujando sobre mi piel como la sincronía de los
compas

 eres humano, pero hacías detener el tiempo y
luego acelerarlo sin que nadie lo notará, solo yo

eres humano, pero estabas lleno de magia,
besabas mi alma y se nos olvida el mundo

eres humano, pero yo te vi como aquel caminante
cansado de ir de un lugar a otro, pensé que te
quedarías conmigo,

eres humano, y al igual que todos se le olvidó
quedarse, a todos se les hace fácil irse y elegiste el
camino fácil,

eres humano y no culpo a la vida por ponerte en
mi camino, al contrario, lo agradezco, pero eso no

cambia tu percepción sobre lo importante de tu mundo, pero aun así juro que no me da miedo verte a los ojos y perderme en ellos, debemos dejar que la magia humana fluya, aunque sea la más peligrosa de todas.

Eres humano, pero de esos que son arte cuando sueñan, cuándo ríen, cuando gimen y también cuando se rompen, y ya está claro que no hay culpables en nuestra historia, sólo que pasa el tiempo y no quiero que te vayas con el

pero eres humano y sucederá cuando elijas de nuevo las prioridades y encuentres otros compromisos,

Eres humano y sin importar lo que pueda pasar soñaré contigo porque el atardecer tiene más poder si lo veo a tu lado

 Eres humano, y aunque parezca irrazonable amarte, y el mundo lo vea mal, iré contra marea por ti, porque si, eres humano y disfruto amarte con locura

Nunca me había conectado tanto con un alma a tal grado que nuestros cuerpos lograrán ese éxtasis total, pero eres humano y de seguro algún día lo olvidarás

Eres humano y eres jodidamente perfecto, hecho a

su imagen y semejanza, con el libre de albedrío de elegir a alguien más que no sea yo, pero aun así perfecto.

Me tocaste el alma antes que el cuerpo, había alquimia pura, claramente la química se quedaba corta cuando hablábamos de nosotros, pero eres humano y la química te deslumbró de reojo

Y como sabías tocar tan bonito, eres humano, pero apenas lo podía notar, dar todo lo que soy sin importar nada así fue contigo, aprendí a amar así

Eres humano y tus ojos son la eterna promesa de que te amare siempre, aunque la piel se arrugue y la memoria deje de existir.

Aunque tú duermas, quiero agradecerte por ser la única en evitar que me vaya, tus ojitos hermosos tus abrazos, tú me buscaste ese día maldito que la depresión me dio en la cabeza, estaba tirada y tú me salvaste y de nuevo hoy aunque estés dormida a mi lado sin decir ni una sola palabra, con tan solo escuchar tu respirar, me estás salvando de no correr hacia el abismo, y eres la única entre tantos mundos que pudieron hacerlo, tu con tu solo respirar me salvaste, ojalá todas las personas que tienen depresión en este mundo tengan a alguien como tú, y así se caigan al suelo mil veces, se imaginen que quieren seguir viviendo solo por ver una carita como la tuya a diario.

Para mi hermana.

Lo he leído y escuchado mil veces, la persona que más amas es quien más te lástima, y no es su culpa es que tú le diste derechos en tu alma,, una palabra, una acción, una mirada, una sonrisa, todo te lástima, hasta lo más mínimo, idealizas el amor y conoces el dolor, y así con el alma fragmentándose descubres las pérdida del miedo, la oscuridad se convierte en tu amiga y las noches son el pasillo para vivir, saldrías a la calle sin miedo, pero jamás vuelves a amar, no con esa fuerza, te enredas en un mundo frío porque lo sientes seguro y además cómodo aunque se sienta como respirar con las costillas rotas

La ventana empañada es mucho más cómoda que la cama caliente, los huesos se volvieron hierro después de ser pulverizados

La vida se acaba, pero no reaccionaremos nunca, siempre seremos problemas existentes, y nunca amantes de la acción

Moriremos amando lo que nos mata, por no tener el valor de amarnos así mismos

Mi despedida

Hoy ya no me queda nada

Hoy perdí la esperanza

No hay trago más amargo que tu ausencia

No hay dolor más grande que perder lo que no
perdiste

Que la vida misma me lleve para que no cueste

Para que no cueste pagar lo que no hiciste.

Mi cansancio se hace sueño

y mi existencia se hace insomnio

por qué no hay quien pueda competir con mis
demonios

si te vas que me queda

si te quedas no hay quien viva

y vivir con la idea de tu partida

hace más grande la herida.

llevo meses dando largas a la verdad

pues me acostumbre a tus mentiras

pero ¿cómo me quito los viernes de pizza,

los sábados de película, o los lunes de no querer
levantarse de la cama?

¿cómo me olvido de tu piel?

¿cómo me quito las caricias?

¿cómo devuelvo el tiempo?

¿cómo existo sin que duela?

y siento rabia con el destino

por lo efímero que fuiste conmigo

con lo poco que se hizo mucho

porque ese mucho fue mi todo.

¿cómo te pido que me esperes?,

que no pienses, que no sueñes

que se pare el tiempo y que me abraces con el
mismo

para no perder, para no caer

o para al menos respirar

¿cómo me olvido de tus brazos

si no había mejor hogar que ese?

¿cómo camino sin tus manos?

o ¿cómo bailo sin tus pies?

así la vida suena al revés

sí mis labios no conocen otro aliento

sí mis piernas no tiemblan con otro ser

si los recuerdos no se pueden abrazar

y mi alma tampoco curar.

que tus gestos me hicieron reír

y tu manera de amar sacio la justicia

porque todo lo que no tuve, llego

y llego, pero no para quedarse.

que te vas por tus sueños y yo me quedo por lo
mismo

aunque mi sueño siempre fue encontrarte

no tuve más remedio que dejar irte

Mi vida se resume a veces en levantarme de la
cama y volverme a recostar

viendo mil veces que no puedo cambiar lo que hay
y que vivir de esta manera es sobrevivir al
cansancio mental y la inestabilidad emocional
causada por pensar mucho

por pensar en ti, por querer verte un poquito feliz

que levantes tu cara y tiren todo aquello que los
hizo sufrir, que les corta las alas, que no los deja
existir sin pensar en no querer vivir

hacemos todo por no querer nada y el nada es
para siempre que se convierte en el amor que
quiero en mi vida, para siempre

en los días de llanto, y en los días de luz, que no
se marchiten las voces

que ya no sea más por una pantalla de celular,
que no tenga que tomar de nuevo un autobús para
saber que respiras y que decidiste quedarte

que ya no sea el sol más tu excusa para seguir en
el suelo, que te levantes al viento y seas libre
como el mismo puede ser

Somos capaces de caer en la misma piedra mil veces, la vida no tienen manual, y al igual quien seguiría las malditas instrucciones, hacer el bien para recibir dolor, pero sentirnos menos miserables, la vida se llenó de rechazos múltiples que terminan cobrando factura, es que no somos conscientes de no dañar el presente, no entendemos que un día será pasado y nos pesará y no lo puedes dejar atrás, afecta el futuro, ni la yoga y el conocimiento humano acaban perdiendo la cordura de quién existe en sus amaneceres, de quién no nace amado

Que la esperanza no se pierda, aunque pierdas la vida esperando que haya una mejor

Que no dejes tus raíces, aunque no te dejen mover

Una cajita con tu voz

Esa noche nos acostamos diciéndonos a los ojos que el otro día sería mejor, despedimos la noche con esperanza, abrazándonos y sintiendo que ya todo lo malo pasaría, jurándonos que no había mal que durará mil años, pero esto sucedía todas las noches durante esos dos años y ahora me preguntó cuánto tiempo más, no sé si el cielo tenga alguna respuesta, o el ciclo de la vida le dé la razón a los sueños imposibles de imaginar para cualquiera que no tuviera un vacío tan grande sin alas para enfrentarlo.

De haberlo sabido antes, había abrazado más fuerte tú voz para que no la extrañará tanto cuando ya dejara de escucharla, había abrazado para siempre las palabras bonitas, las miradas blancas y los deseos desenfrenados de tu alma que cada vez se hacían más fuertes y más puros, y de nuevo hoy como tantas veces le pido al universo que mueva sus fichas porque si ya me tocó despedirme de ti en esta vida, quiero encontrarte en las otras que me quedan, quiero verte y no soltar nunca tu mirada porque es la que me guía a encontrar mi propósito de existencia

Me has dejado en la muerte más lenta que se
pueda tener

Te he escrito algunas cartas y te he llorado mil
noches porque no las leerás

Pero me he conformado con las letras que dejé en
tu espalda

Escritas con mis dedos, marcadas con mis uñas al
anochecer

Esas son las cosas que jamás olvidarás

Porque nadie es como yo, porque no me podrás
besar en nadie más, porque no encontrarás mi
cuerpo en otro lugar

Con los ojos cerrados te ame y me despertaste,
aunque yo no quería

Desperté, y no sabía con qué monstruo había
dormido toda la vida.

No siempre el amor te dará paz

También te dará dolor y seguirá siendo amor

Te dará mariposas en el estómago y también paz
mental

Será cálido muchas veces y otras tantas un poco
frío

No será perfecto, pero habrá momentos que lo
serán

Es silencioso, pero siempre necesita ruido

Se identifica con corazones rojos

Pero muchas veces deja corazones rotos

Es amor porque no sabes porque amas

No te explicas porque después de todo el dolor

Sigues amando, pero es amor

Creí que eras tú, pero no

Me he confundido por qué fue único

Pero no me culpo

Fue la equivocación más linda que tuve

Pero no me culpo

Es que nos juramos amor hasta morir y me morí
en el intento

Pero no me culpo

Porque fuimos uno y soñamos con serlo siempre

Pero no me culpo

Ardimos en cuerpo y alma y nos juramos amor
eterno y creo en lo que fuimos

Nos dimos paz hasta quedarnos dormidos y

Creí que eras tú

Por esa manera de amarme

Creí que eras tú

No solo por lo que éramos juntos, sino

Por lo que no éramos con nadie más

Por eso no me culpo

Porque yo sí me cumplí todo lo que quise ser
contigo

Te he regalado los cuentos para dormir, que no
tuviste antes

Los juguetes que soñaste, que en la infancia
nunca llegaron,

pero sobre todo el amor que nadie más nunca
podrá darte

Y me quedo con eso, con los días buenos, dónde
fuiste feliz solo conmigo

Dónde me veías como lo inalcanzable, aunque me
hubieras alcanzado

Cuando jugábamos a ser para siempre, pero se
quedó en un juego

Quien podría pensar que las personas se aburren
de la felicidad

Lo más importante de lograr tus sueños, es no pisotear a nadie para cumplirlos

He leído que cuando uno muere, el cerebro vive
por siete minutos para repetir sus mejores
recuerdos, no deseo que mueras, pero deseo estar
presente en esos minutos en tu cerebro, porque el
mío estando viva te ha dedicado miles
recordándote

Entonces esa mañana del día antes de mi vuelta
al sol

Nos abrazamos y lloramos juntos y lloramos
mucho

yo un poco más que tú,

y me dijiste que yo era la mejor mujer que alguien
pudiera tener, que yo era excelente mujer contigo

Y en estos días recordando mi cumpleaños y por
qué no fuiste como siempre eras conmigo en esas
fechas

Recordé lo que lloramos ese día antes y todas las
palabras que me dijiste

Entonces me di cuenta que sabías quien era yo
contigo, que nadie daría ni dará lo que yo por ti

Y aun así sabías lo que hacías buscabas a alguien
que se pareciera un poco a mí y que se preocupara
como yo por ti, pero no lo lograbas, por eso
llorabas

Porque eres de los que quiere lograr su propósito
sin importar a quien matan

Y sabías que en ese caso era yo, sabías lo que me
dolía y seguías haciéndolo

Eras consiente y seguiste sin detenerte

Entonces hoy después de días de intentar
entender y de preguntarle al cielo ¿Por qué?

Se que es porque no entendiste que las personas
que te aman de verdad no te van a decir que si a
todo, te van a cuestionar para que entiendas que
es lo mejor para ti

Te regañaran por tus malos hábitos, porque serás
mejor cuando los corrijas

Te darán alternativas diferentes a las que quieres,
porque quieren lo mejor para ti

Te harán descubrir lo que amas y te quitarán la
venda de los ojos

Pero tú no pudiste verlo, entonces ahora nos toca
entenderlo a millones de kilómetros, tal vez en
otros brazos, con otros besos, pero siempre
recordando quien nos hizo lo que somos.

Que no es para tanto decías

Pero estos días sin ti me han hecho recordar lo que era yo antes de ti, y no puedo evitar sentir culpa por no haberme mantenido firme la primera vez que te dije adiós

Pues necesitabas ser construido y rogaste por ello mientras yo me destruía poco a poco, no lo notamos

Con Tigo conocí la magia, pero también ese monstruo que ahora no se va de mí, ojalá te lo hubieras llevado contigo

Pero ese monstruo solo soporto yo, si te lo hubieras llevado no hubieras resistido ni un día, y acá sigue conmigo en estos años no me ha soltado, me acelera el corazón y no controlo el desespero, el pecho me duele y los golpes en mi contra a veces son inevitables, espero nunca lo conozcas, ansiedad le llaman

Extraño recostarme en tu pecho y oler tu cuello

Esos eran los placeres de vivir a tu lado

Nunca disfruté tanto como con aquellas cosas que
no nos costaban nada, pero valían un montón

Los abrazos, las risas, el ser niños de nuevo

Seré feliz

Porque las personas como yo lo merecemos

Somos de esos que van por la vida despacito

Mirando por donde caminar para no pisar a nadie

Ayudando a quien nos encontramos

Secando lágrimas que no provocamos

Abrazando corazones destruidos

Curando heridas que no causamos

Dando un poquito de vida a quien vive muerto.

Las personas como yo no somos para siempre

Aunque somos necios en eso

Conocemos de abandono y no queremos irnos

Pero cuando hemos dado todo

Terminan echándonos de lo que sanamos

Las personas como yo somos felices

En medio del desastre

Amamos monstruos

Y vivimos en catástrofes

Las personas como yo vivimos Para otros

Sin darnos cuenta que nos quitan vida

Que nos queda menos por dar de más

Pero los que no son como nosotros

Nunca sabrán lo que es dormir con la conciencia tranquila

Decidí no tenerle miedo a entregarse por completo

Le dejé hasta mis huesos por si se rompía suyos

Nos juramos amor eterno, pero no aclaramos el seguir juntos

O bueno no me dijiste que tú amar por la eternidad era así

Hemos subido a lo más alto del abismo, pero me arrojaste solo a mi

Nunca había entendido tanto eso que los abuelos dicen

Que, *que maldito es el hombre que confía en otro*

Y si, es como estar maldito cuando ese otro olvida la lealtad

Confías en otro ser porque cree que siente como tú

O simplemente porque quieres que lo haga.

Pero fuimos efímeros o al menos para mí fue poco

Poco, para cuando se ama mucho

Y mucho para recibir tan poco

Y sé que no todos recordamos los silencios

Pero los tuyos fueron los que me mataron más

Más, que esas últimas mentiras

Esas que tampoco podré olvidar

He dejado de escribirte o de al menos intentarlo

Pues me has buscado entre montañas

Cuando me dejaste en las tinieblas

Salgo solo a veces, solo un poco

Para ver cómo construyes imperios sobre mi dolor

Y me regreso cuando veo que lo consigues sin temor

Pasamos juntos el infierno y me olvidaste allí

Encontraste un demonio que vino a destruir te

Y elegiste soltarme entre las sombras sin mirar

Pero no te culpo porque yo también te elegí a ti

Ese demonio que creí ángel por la oscuridad

Lamento decirte esto amor mío

Pero cuando despiertes del mal

Será demasiado tarde,

 porque si, a veces si es demasiado tarde

Insistí mil días por abrirte los ojos

Pero me costó horrores aceptar que nunca lo
hicieras.

Para serles sincera, no sé si alguna vez me amo

Me convertí en su hogar estos años

Y él nunca lo noto o solo lo olvido

No lo sé, pero creo que tampoco quiero saberlo

No ahora, quería sentirlo antes

Ahora el hogar es una hoguera apagada

Súbitamente y sin anestesia

Solo se apagó y yo aún le daba calor

Pero hoy prefiero dejar esas cenizas quietas

Despierta, recuérdame un poquito hoy

No soy de conformarme, pero hoy si

Hoy me conformo con un suspiró

Con un recuerdo del ayer

Y una sonrisa al pasado

Un juego por la casa

O un beso a la distancia, de esos que sabes dar

De esos que construimos

De esos que con el tiempo se volvieron

El único para siempre de nosotros

Por eso aún hay un nosotros

Aunque nunca volvamos a vernos o a hablarnos

Pero nadie nunca nos quitará esos años juntos

Solo nosotros sabemos lo que fuimos

Creo que te estoy superando

Pero si me acuerdo de tus besos

Se me derrumba el mundo

Porque se han ido muy lejos

Porque ya no son míos

Pero en el fondo ya no los quiero

Ya no los quiero si fueron de alguien más

No los quiero si tocaron otro cuerpo

Lo siento, pero es la verdad

Ya no los quiero

Ya no saben a lealtad

Me molesta escuchar que hablen del amor

Cómo si todos tuvieran el valor de amar

Desperdician te amos en cualquier cuerpo

Que me aterra, me da asco

Dañan el arte de amar

Y confunden los lienzos

Todos ganan con palabras

Lo que a mí me dieron con actos

Por eso me da asco

Por eso no me toques

Que los te amo no se olvidan

Los que fueron una mentira

El día que te fuiste

Si es verdad, espere que volvieras

Que se te atorara un perdón en la garganta

Que en tu mente existiera yo

Que regresarás

O mejor que no te fueras

Que todo fuera mentira

Espere noches enteras tu llegada

Sentada en la madrugada

Preguntándole a la luna por tu mirada

Pero ya no estabas

Había muerto ese ser que ame

En la faz de la tierra solo quedó su cuerpo

Sin alma, sin luz, sin ser

Dejaste de ser a quien ame

Por eso mejor ya no vuelvas

Te he estado esperando por años

Pero mejor ya no

Ya no vuelvas

Porque ya no te conozco

Y he decidido dejar de buscarte

Por lo menos en este mundo

En esta vida

Pero si en otra vida me encuentras

Y me ves feliz

Con ese brillo inigualable

Ese que tenía antes de ti

Te pido que no me toques de nuevo

Que no me abraces

Que te hagas el ciego

No me mires ni por error

Cierra los ojos y déjame pasar

Escóndete si es necesario

Así no te veré

Mírame de lejos

EN OTRA VIDA

Pero no me enamores de nuevo

Porque en esta vida ya me dueles mucho y

No soportaría volver a morir por ti

En mi cuarto se oyen risas

Y hay caricias sin prisas

Son los recuerdos del ayer

Que van dejando de doler

A veces te veo llegar otra vez

Saltando sobre mí

Despeinados y desnudos

Y yo encima de ti

Con la piel muy junta

Y las ganas sin morir

Atorados en el tiempo

Ese que quisieras devolver

Pero no logras entender

Que eso fue cosa del ayer

De lo que fuimos una vez

Que han pasado las costumbres

Pero no dejan de doler

Te volvería a repetir

Aunque el mundo sea de hierro

Seguiré siendo de cristal

Nadie le teme a lo que no le amenaza

Y si no hay brazas

Quien se aferra a mi

A los colores que vivían en mi

A los muertos que he dejado ir

Son solo sentimientos que un día viví

Que duelen y se extienden

Hasta el amanecer a tu lado

Ese que quiero repetir

Cómo hace años

Sin tantos sueños y con más ganas

Éramos felices, teníamos alas

Pero fuimos destruidos

Aunque advertidos

Pero tú no escuchas cuando quieres

Y así matas y así hieres

EN OTRA VIDA

Pero tú no escuchas cuando quieres

Y así matas y así hieres

Eres tiempo y yo destiempo

Voy por segundos y tú por horas

Y como hacer que el tiempo se detenga

No tengo condiciones, pero quiero ser la tuya

La condición que tenga si se trata de libertad

Que no haya sombra sin esfera de cristal

Que nos de la magia para encontrar la luz

Que no pienses que perdí mi don

Porque lo que importa es que yo sé que lo tengo

Responsabilidad afectiva le llaman

A la luz de quienes fuimos

Y a la espera de saber que somos

Nos destruimos unos a otros

Por el fuego del poder

Nos escondemos para amar

Que el día que lo entiendas no sea tarde

No es fácil vivir sin raíces

No está fácil volar sin aprender a levantarse

El amor no te detiene, solo intenta salvarte

Y la vida deja de tener sentido

Cuando al caerse no hay quien te anime a
levantarte

La vida se pierde, la vida arde

La vida empieza a quemar

Cuando tú ausencia se empieza a notar

Nunca imaginé que la vida fueran flores que te
caen en la cara

Cómo si con cada paso, estuvieras muriendo

Vivir sin amar no es vivir

Me han inventado un mundo sin ti

Y es tan efímero que no alcanzo a respirar

Como correr, como volar, no sé cómo escapar

Me han inventado un mundo sin ti

Y no encuentro alegría, no veo el sol

Solo regresa el temblor de soltar

De dejar ir, de no retener y tal vez

Solo tal vez pueda vivir con la idea de no verte en
las mañanas

Pero es que no quiero, no quiero un lugar sin tu
olor

No quiero caminar sola

Me han inventado un mundo sin ti

Y no encuentro mis sueños

No me veo, no soy la de ese reflejo

Me miró mil veces y rompo el espejo

Me siento y respiro con este complejo

Con el alma rota, con el cuerpo viejo

Sin fuerza, sin vida, sin ti.

Eres el fantasma de mi habitación

Te has ido y has dejado la canción

Cuatro vueltas y 111 en revolución

Te has ido, pero me he creído tu actuación

Has dejado la camisa, los recuerdos y un desastre

Que no logro reparar

Cuatro vidas y mil noches me mostraste

Y yo no lo puedo olvidar

La cartera y la riqueza no importaban

Te conocí guardando pesos que dañaban

Te he hecho canción porque no escuchas poesía

Pudiste ser gracia y elegiste hipocresía

Si contamos las caricias, olvidamos los errores

Pasa al cuarto y olvidemos los temores

Con tus manos en mi cuerpo ya llegaron los

temblores

Y así mismo poco a poco nos hicimos soñadores

Prometimos cuerpo a cuerpo no repetir patrones

Pero a hoy has olvidado dedicarme más canciones

He llegado hasta tu alma y desnudado tus
pasiones

Y te fuiste con una que no conoce tus dolores

Yo conozco tus demonios, he dormido con ellos

He contado los lunares alrededor de tu cuello

Son patrones estelares que los dos tenemos

Hoy a la distancia solo tú y yo sabemos

Hoy recuerdo como llegaste

Y te pido que no vuelvas

Porque yo te estoy soltando

Despacito para que no duela

Es que yo te creí, creí que era amor

Tal vez en otra vida me puedas amar como yo a ti

Y encontremos ese mundo

Ese mundo para los dos.

Ojalá ya no fueras ese primer pensamiento del día

Y me dejaras en paz antes de dormir

Pero sigues acá, en esta habitación

Te veo en todos lados, sigues riendo

Te escucho todavía, recuerdo esas historias

Me duele la cabeza porque no sales de mí

Ya no vuelvas más por favor

Ya destruiste bastante.

Me quedo con el niño triste

Ese que agradecía segundos de compañía

Aquel que sabía abrazar almas

El que construía imperios sin ambición

Te recordaré por siempre así

Con la voz rota y recibiendo abrazos

Pensaré en ti como el que valoraba abrazos

Y no como el que los obtiene por un precio

Has vuelto

En mis sueños adviertes rencor

Tus ojos son de sangre y tú cuerpo no me ve

Das pasos de locura, de la que no nos gusta

Te conviertes en tempestad cuando me hablas

No sé porque vuelves

Mejor vete, no quiero verte más

Tus actuares lastiman

Y tú esencia no es la misma

Tú no eres tú, por eso no vuelvas más

Se que no hay probabilidades

Que las has rota todas, acabaste con nosotros

Con lo único en el mundo que para mí era justo

Y lo acabaste, has hecho muerte lo que quería vivo

Soñaba con crear vida a tu lado

La puta idea no se borra de la cabeza

Pero luego recuerdo que hay un agujero

El agujero negro por donde todo escapó

Y a mí no se me esperó

Por una probabilidad de lugares

Por un segundo que hubieras pensado en mi

Pero el hubieras no existe y el pasado es para
siempre

Mi mente puede olvidar, pero mi alma está rota

Has hecho muerte a lo que yo le di vida.

Hoy quiero decirte

Hoy recuerdo los días buenos

Y por esos días buenos te abrazo

Abrazo la costumbre de hacerte feliz

Feliz en tus días grises y de dolor

Dolor que va y viene como un día las caderas

Caderas que están quietas, pero no lo quieren estar

Estar en tu mente es lo que me queda por ahora

Ahora encontraré tu espíritu junto a la noche

Noche de frío donde abrazados nos dormimos

Dormimos una vida corta que imaginé eterna

Eterna fue tu voz jurando amor

Amor ojalá no te hubieras rendido

Rendido entre mis piernas te veías mejor

Mejor tarde que nunca

Nunca debiste irte de mi

Mi corazón palpita en tu pasado

Pasado que no podrás borrar

Borrar mi recuerdo será imposible

Imposible nuestra historia

Historia que acabo en muerte

Muerte debe ser el ahora existente

Existente en mi memoria

Memoria del adiós universal.

Búscame de nuevo

Sin un día quieres verme

Búscame de nuevo en el atardecer

Imagíname a tu lado

Abrázame por la espalda

Respira en mi cuello para sentirte

Te sentiré, aunque no te vea

Y yo estaré allí contigo

Disfrutando de tu olor

De las cosas sencillas que nunca pudiste ver

Bailar sin música en la habitación

Contarte cuentos para que te quedarás dormido

Ponerte notas junto al almuerzo del trabajo

O mirarte en la madrugada mientras dormías

Ser uno solo hasta quedarnos dormidos

Se que fui feliz contigo

Ojalá tú también lo seas

Aunque yo ya no esté para ver ese milagro

Respira, estoy contigo

Nunca más estarás solo mi niño

Amor de mi vida recuerda

Pasa con cuidado la puerta

Y aunque no me veas más

Solo despierta

Desearía abrazarte una vez más

Al verdadero tu

Al que no conoce de egoísmo

Al que me amo hasta los huesos

Del que me enamore

Quisiera abrazarte en el pasado

Porque en el presente ya no eres ese tu

Ya no eres quien moría por mí, por nosotros

¿Cómo te voy a doler yo?

Si yo fui la que me quedé a ver cómo te ibas

Si soy yo quien camina a diario por donde íbamos
de la mano

Te recuerdo en cada rincón de esta casa

En esos sueños que se fueron con Tigo

En esta vida que no es vida sin ti

Estoy viviendo el duelo de no verte más

De no tenerte en mi vida

De olvidarme de besarte cada amanecer

De decirte buenos días y sentirte cerca de mi

Si es un duelo y es lo más difícil que he vivido

Porque si, creí en que nunca me solitarias

Pero nada de lo que dijiste fue verdad

Todo cambio, en un segundo todo se fue

Pero está es la oportunidad para ver cómo amas de lejos

Para saber si tú amor era real y genuino

Aunque no te pueda ver nunca más.

Un día te dije

Que si te quedabas sin fuerza te daba la mía

Que, si te cansabas en el camino, descansarás en mis brazos

Que te daba mi corazón si era necesario para tu existir

Lo tenías todo, todo lo que ahora quieres

Las decisiones más importantes de la vida se toman con amor

Y sino solo serán los mayores fracasos de nuestro vivir

Todavía sigo esperando algo de ti

Algo que construya un poco este desastre

Que levantes las paredes que una vez tiraste

Que un día me despierte y digan que regresaste

Que no te fuiste, que fue una pesadilla y ya despertaste

Pensar que no has dejado de amarme

Que pasaron los siglos sin dejar de mirarme

Pero acá sigo sin poder levantarme

A veces olvidó tu rostro para evitar lastimarme

Es ese pasado que no he logrado borrarme

Todavía sigo esperando que no dejes de amarme

Aunque me hiciste conocer el infierno

Sigo pensando que me gane el cielo por haberte conocido

El tiempo no cura nada

No, no es el tiempo el que cura

Así te vayas a vivir a otro lugar

 Así esperes años

No, no es el tiempo, el tiempo no cura nada

No cura los recuerdos, ni las heridas

El pasado te alcanza y el tiempo no te cura

Te curas tu y quien tengas en tu presente

Es domingo y te extraño más

Era básicamente mi día suerte para tenerte

Pues cuando había tiempo mendiga a minutos

Minutos que con mi astucia se convertían en horas

Hasta que un día sin planearlo fueron días

Poco a poco pasaron meses dónde te hice feliz

Que arte más grande que tu alma viviendo de verdad

Los meses fueron años y un día dejaste de verme

Pero yo seguía allí

Viendo por tus ojos y respirando por ti

Te lo decía por las noches

Que esperaba todo el día para empezar la noche contigo

Solo reías y no entendías

No entendías que somos pasajeros

Que las personas pesarosas tienen razones para amar

Y que yo sin razones elegí amarte una vez más

Aun cuando te fuiste

Cuando elegiste otro mundo

Elegí amarte incluso cuando sabía que podía
morir por ti

Y estando muerta como hoy

Sigo amando lo que fuimos

Aferrada a la idea de lo que pudimos ser

Y esperando encontrarte en una vida donde nos
dejen ser.

Algunas noches me duermo feliz

Con la idea de que el multiverso existe

Y que en uno de esos millones de universos

Sus leyes de la física no alcancen nuestra
alquimia

Eres el vicio que más duele

La dosis del recuerdo no me alcanza para vivir

No sé cuándo no sé dónde

Pero te encontraré para no morir

Cómo mujer la forma más aterradora de perder el
tiempo es ser la mujer de proceso

Y como hombre lo más estúpido que puedes hacer
es perder a la mujer del proceso

Han pasado apenas meses y cada día te extraño
más

Tengo miedo de que sea peor cada vez

Te extraño de una manera agonizante

Quiero salir corriendo y buscarte

Acabar con la idea de no verte

Quiero que el tiempo se devuelva

Que seas tú de nuevo como años atrás

Que nadie nos lastime de nuevo

Que no nos separen nunca

Que abras los ojos y veas la verdad

Pero el tiempo ya se fue

Y nuestra oportunidad también

Por eso te extraño de la manera dolorosa

De esa manera como si no estuvieras en el plano
terrenal

Y me aterra, me aterra vivir con este sentimiento

Y respirar con tu ausencia

Es una tortura que no me deja en paz

Te recordaré siempre

Para amarte en la inmensidad

Búscame en otra vida amor mío

Sabrás reconocerme como lo hiciste en esta

Será igual, bastará solo con vernos

Invítame a bailar y bésame como lo hiciste

Sabré que eres tu

Y si me encuentras de nuevo en otra vida

En esa oportunidad no me sueltes

Recuerda que no habrá sueño más importante

Que el nosotros y el juntos por siempre

Búscame en otra vida amor mío

Y en esa cumple el amor eterno

Y las promesas que se te olvidaron en esta.

Hagas lo que hagas no me sueltes

Que en esa vida sepas de respeto y lealtad

Y que olvides la ambición y el egoísmo

Probablemente no haga falta que me busques

De seguro en otra vida

Ya nos conocemos…

Los amores imposibles se amarán eternamente

He plasmado a Saturno como símbolo de lo que no
pudo ser

Lo más agobiante de tener un amor imposible

Es que en su momento fue posible y fue
maravilloso

Como se desvive lo vivido a tu lado

He guardado mi sentimiento

Pero cuando salen no saben en dónde encontrarte

La indiferencia está muy lejos para llegar

Y la conciencia está perdida de tu alcance

Por eso amor imposible debiste abrazarme un
poco más

Siempre hacíamos lo imposible posible con un
beso más

Pero tus besos ya no son lo de antes

Y los míos ya no están a tu alcance

Por eso amor mío, abraza lo que no puedes
abrazar

Debo despedirme de ti

Pero no te prometo que está sea la última carta
que te escribo

Te he escrito algunas, o probablemente todas

Pero no las suficientes como para que dejes de
doler

Amo que hayas vuelto a escribirme

Pero duele no poder corresponder como quisiera

Porque está vez la que debe irse soy yo

Si amas algo déjalo ir

Pero yo me quería quedar

Me quise quedar tantas veces

Pero no pude obligarte a quedarte

Te abrí las alas y te dejé volar

Porque en su momento tú no querías quedarte

Y tengo que vivir con eso

Con las últimas palabras de rechazo y de dolor

Con mis días que entre lágrimas te rogué que lo

pensarás bien

Que yo quería seguir salvándote como lo hice desde que te encontré

Los primeros días fueron de choque porque no lo podía creer

Solo sabía decir que sentía pesar por ti, porque no sabías lo que hacías

Quería abrazarte otra vez, pero no despertabas de ese horrible trance y tuve que dejarte ir

Porque tú ya me habías soltado y yo no lo sabía

Hay días que pienso en dejarte volver, pero recuerdo que no puedo que eso solo me destruye más

Pienso por momentos en que vas a volver, pero sé que nada será como antes y solo quiero un nosotros como el que fuimos

Con todos los errores porque crecimos juntos y fuimos un gran equipo

Hicimos una familia hermosa, aunque no pudimos completarla no nos dejaron, un día sabrás porque digo esto

Te extraño tanto que no sé cómo hacer para seguir, pero recuerdo que fue tu elección y no podía obligarte

Debí dejarte ir hace mucho, pero tenía fe de que
vieras lo feliz que éramos

Hoy cierro la esperanza de verte una vez más, la
arrojo al fondo del mar

Estoy aprendiendo a vivir sin ti y cada día es un
reto

Extraño lo bueno y lo malo porque aprendí a
amarte con todo lo que eras

Debo sepultar nuestra historia porque no volverá
nunca, y solo me seguirá lastimando

Si amas algo déjalo ir, dejaré ir nuestra historia
como último acto de amor

Te buscaré en mi memoria cuando necesite
sonreír un poco

Pero debo despedirme de ti

Porque tú ya lo has hecho, en un mes olvidaste lo
que en años construimos

Y tus palabras si lastiman, pero tus actos
quemaron mis últimas esperanzas de una
humanidad de amor

Salvaré el mundo como una vez te dije, como una

vez te salve a ti, pero ahora debo irme a reconstruirme a mi

No esperes nada más de mí, pues ya no queda nada de lo que fui

Abrázame en los sueños, allí tal vez no recuerde el dolor.

Y si un día encuentras un amor bonito

De siglo pasado, de lealtad y respeto

que te haga el amor y que te dé paz

Que te abrace en medio del caos

Por favor no lo sueltes jamás

Bésame con hambre como la primera vez

Que las ganas no se te acaben nunca

Que mi cuerpo no te olvida

Que mi alma aun te extraña.

Ahora no amor

Ahora no porque estoy en construcción

Estoy recogiendo los pedazos que dejaron

Lleva un tiempo limpiar todo lo que dejaron mal

Espera un poco, espera hasta que esté sano

Se paciente nuevo amor

Que no quiero estar herida

No quiero dañar a nadie

Tardará un poquito más.

Hay algo dentro de mí que amo

Es algo inexplicable

Es como una fuerza enorme

Es demasiado grande

Porque no me ha dejado caer

Mis días son una pesadilla a veces

Pero siempre me levanto

He escuchado algo que me hace gracia

Y que ha Sido real y es que

Las patadas en el culo siempre llevan para delante

Ha sido jodido vivir conmigo y con esas limitaciones

Limitaciones que se han vuelto motivos

Motivos para seguir o simplemente

Para acompañar esa fuerza que no me deja caer

Eso que mamá siempre vio en mi

Pero que finalmente no es malo si no lastimo a
nadie

Eso que no me dejó ser igual

Eso que llamaron rebeldía

A mamá

Cómo explicar lo maravillosa que eres mamá

Has soportado cada segundo todo lo difícil que ha
Sido

Somos muy ciegos para ver tu resiliencia

Y muy necios para igualar tu bondad

Eres la persona que conoce de dolor

Pero que jamás lastimaría como lo han hecho
contigo

Agradezco a la existencia por tenerte en mi
mundo

Y al universo por hacerte mi mamá

Si algo puedo decirte yo

Es que te enamores, que ames

Que ames bien fuerte

Que te entregues por completo

Que no te miedo el amar

Que si no funciona ese amor

El duelo duele menos

Si fuiste tu quien amaste más

Si muero mañana

No olvides la promesa de salvar lo que quede

De salvar los recuerdos

Y de hacer vivir lo que queda vivo

Si muero mañana

No te preocupes que ya viví la muerte antes

El día que escogiste una vida sin mí

Preocúpate por lo que no expresaste

Por los besos que no diste

Por los abrazos que negaste

Por el cariño que no ofreciste

Por el tiempo que no amaste

Por las promesas que rompiste

Y la vida que apagaste

Que mañana sea mi tiempo

Y que la luna gane el combate

Para encontrar el amor que perdiste

El día que te fuiste

Y ojalá no sea tan tarde.

Es bueno tenerte en mi vida

Haces que los días tengan color

Color le has puesto hasta mi alma

Almas gemelas que por fin se encontraron

Encontramos un mundo que es mejor si estamos juntos

Juntos somos indestructibles

Destruimos lo que nos separa

Separados no es bueno vivir

Vivir contigo ha Sido maravilloso

Maravilloso en universo que me mostró tu existencia.

Hemos hablado de nuevo

Hemos hablado de nuevo

Y creo que prefiero el contacto cero

Aún no hay una palabra tuya que me saque de este agujero

Pues han pasado meses y aún no despiertas

El despertar será necesario para tu verdad

Yo ya tengo la mía y duele, pero duele solo una vez

No como tus mentiras que duelen tantas veces

Eres eso que me lastima cada que apareces

Pero como extraño que lo hagas y me pienses

Quiero estar viva, pero solo logro existir

Queriendo no hacerlo y no logro sucumbir

Ojalá un día logres devolver el tiempo

Ya que el tiempo no sana las culpas

Hay heridas abiertas que queman para siempre

Cómo tus sollozos cuando no puedo calmarlos

Me he caído de nuevo al saber de tu espejo

Que las risas se quedaron atrapadas en el

Nadie me devolverá lo que perdí

Murió algo en mi que jamás volverá

Te has llevado aquello que me hacía brillar

No son complejos, pero siguen perplejos

Rugiendo por dentro, agonizando el dolor

Sintiendo la muerte de estar viva

Sin alcanzar el pasado, pero viviendo en el.

Gracias por cada segundo de vida que me diste

Al final no es el tiempo, sino lo que hicimos en el

No te tortures mas pensando en lo que pudo ser y no fue

Tienes otra oportunidad contigo, con tu propio ser

Búscate, descubre quien eres en realidad

Quita las mascaras, no le tengas miedo a la verdad

Tu y yo sabemos quien en realidad eres

La justicia de Dios es perfecta.

Comparte un dolor, una historia, un fragmento, lo que necesites sacar de ti *(toma una foto y hablemos de ello, encuentrame en redes sociales como Lulu nova)*

www.ingramcontent.com/pod-product-compliance
Lightning Source LLC
Chambersburg PA
CBHW061655250726

48659CB00004B/1512